呼吸
黑塞上空的
马舜 著
作家出版社

献给母校厦门大学一百周年华诞

献给外祖父刘少臣先生一百周年诞辰

序一：时间澄澈如水

有没有一首诗，让你在静谧怀念时，体味宇宙不息的澄澈如水；有没有一首诗，让你在沮丧彷徨时，惊觉到绿叶般的坚忍执着；有没有一首诗，让你在夜色独行里，碰撞到舞蹈样的群星粲然；有没有一首诗，让你在逝水流年中，牵拽着悠悠然的岁月漫长。马舜诗集《黑塞上空的呼吸》呈现了这些难得的意象与所指！

共情与超越。

常以为，诗歌的世界应该是泛神的。唯其如此，才有更多的可能与包容、理解与超越。比如，马舜的诗句"夜色叫出了月亮""老娘在星空里养着群星"，这里的"叫"与"养"，简直复活了万物的神性！那种"美美与共"的场景，不就是好的诗歌带给我们的审美震撼、审美共情，以及基于此的审美超越吗？！于是，那一瞬间，天地万物如此宁静，在夜色微澜中，起舞的何止月亮与群星，还有无论何时，能够阅读到这些诗句的——我们……是的，好的诗篇就应该引领我们不断与宇宙万物起舞同欢，一道品尝那自由的味道！

能指与所指。

　　语言是素朴的，有其基础的"能指"范畴；但诗歌又是神奇的，不断拓展"所指"的疆域。在马舜诗集《黑塞上空的呼吸》中，素朴的语词随处可见：天空、月亮、黑夜、大地、海水、马、绿叶……这些"能指"与诗人黑塞的表象语意十分相通，难能可贵的是，在精神气质一脉相承的基础上，马舜在诗歌语言"所指"层面又呈现了独有的景致，那景致不断彰显着存在的秘密、灼烧着我们庸常的灵魂。比如，谈到月亮，诗人马舜反复吟咏："娘，月亮出来了""娘，月亮还在""娘，月亮真亮"……当儿子说，"娘，月亮出来了"，母亲知道儿子想回家了；当儿子说，"娘，月亮还在"，母亲知道儿子埋怨起得太早；当儿子说，"娘，月亮真亮"，母亲却不知道儿子对她的思念是那般冷毅悠长。这里，诗人用"月亮"这个意象，深情回忆了母子间留存于山村深处的光阴履痕，表达了对远逝母亲的无尽思念！是的，好的诗篇就应该不断呈现出有力量、有维度，而又如此清澈、如此澄明的审美意象！

　　流逝与永恒。

　　蒿子馍、老水牛，环岛路、顶沃仔……感谢马舜的诗歌，让我们复活了那么多陌生而又熟悉的场景，那场景关乎南方与北方，关乎日子与永恒！透过这些印着时间味道的素朴语言，我们又再度触摸了大地的温度以及流光中的故事。很多场景逝去了，但是诗歌再度复活了他们。是的，好的诗篇就应该为那些纹理蓬勃的生活和流光婉转的生灵画像立传，告诉这世界：他们曾经来过，他们就在那里！

生活是永远完不成的诗篇。时间永逝，诗歌永存！

王彦龙

厦门市委宣传部理论处处长

2021 年 11 月于厦门

序二：凝视与对话

写诗，牵涉视角的确立。诗人会观察外界事物，或者注视内心状态，表达出来的词语，有意与无意之间，如果达到聚焦与虚化的效果，是为成功的作品，否则导致失焦与漫漶的失控，变为失败的尝试。这本《黑塞上空的呼吸》诗集，可见马舜写作的精准，找到自己的位置，构建各种视域，勾勒诗性。

马舜大学时代就开始写诗，他说当初"是写给自己读"，现在"还是写给自己读"，"发现诗中有个更真实的自己"。然则，这本诗集显示他并不自我封闭，而是他跟外界与内心修筑着诗意的通道，不断进行对话。作品分成"写给母亲""写给自己""写给他人""写给岁月"四辑，就透露了词语其实无以孤立，而是借由不同观照面，内外互联而形塑自我。

马舜坦言喜欢德国作家黑塞，诗集故名《黑塞上空的呼吸》。黑塞对人性的探索、灵性的追求，在马舜的诗作中也有类似的展现。此外，面对生活的悲欢、人世的变更，马舜书写的抒情方式，也让人想起里尔克，这一位奥地利诗人。

在"写给母亲"篇章，《夜色下的阳台》尤其显现对亲人的哀思不绝："阳台上／嘴角的那根烟／点燃了远处的大海，浪来浪去／夜色下／烟丝缕缕／飘荡着对老娘的思念"。

在"写给自己"篇章，《奔跑的信念》抒情如歌，抒发自己胸臆："黑塞的自然诗行／行走在心间／无论是幸福的追求／还是那一片孤云的流浪／让心境得到片刻的舒展"。

在"写给他人"篇章，《雾》没有遮蔽对外界所应保持的距离，冷静地瞭望："大雾封着海面／白茫茫一片／她以为封住了整个世界／我在岸边静静地注视着"。

在"写给岁月"篇章，《世界的隐喻》更是思索世界的奥义："整个世界都在隐喻／我却还在为它寻找比喻／……这个隐喻的世界／让我如同走向漆黑的旷野／竟然忘了手中提着的一盏灯"。

美国诗人与诗论家 Tony Hoagland，与文学博士 Kay Cosgrove，在合著的 *The Art of Voice: Poetic Principles and Practice*（《声音的艺术：诗歌的原理与实践》）里，揭示诗与读者之间的神秘连接，探索了白话与方言，主导与立场、语气与调子、人称与身份，如何形诗的声音。他们言之成理，诗是生命的力量，诗人性化了复杂的世界。

他们的合著，还引用了诺贝尔文学奖得主米沃什的诗句："诗的目的是提醒我们／继续为人是多么难的一件事"。是的，有关经验的诗，伤痕累累，焦头烂额，但好的诗能证明，只要还能说出来，就是胜利。就像其他人一样，诗人也会受伤。但诗人不至于说不出来，至少可以通过诗发出声音。这本《黑塞上空的呼吸》诗集，就是要发出这样的声音。

《黑塞上空的呼吸》收录的诗，是马舜的亲身体验与阅读经验。他的诗，是一次次的凝视与对话，字里行间隐显了寻觅、捕捉、留存。

游俊豪（游以飘）

新加坡南洋理工大学中文系主任

2021 年 10 月

前　言

写诗开始于大学时代，但那时是写给自己读，还是悄悄地进行，羞于让人知道。

工作后，日子让我延续了大学时代的兴致，捡起了诗。渐渐地，发现诗中有个更真实的自己和能在字里行间触摸的真实日子。这时还是写给自己读。

一次偶然，跟挚友笑乙（笔名）聊起文学与写作时，顺便发几首诗给他，得到他的肯定，并建议我向报刊投稿。于是，我将一组诗投给《河南青年报》，没想到很快被采用、发表了。这样，我决定做一个公众号，把自己的诗放在上面。

公众号的名称是"黑塞上空的呼吸"，也是这本《黑塞上空的呼吸》诗集的名字由来。有了这个公众号，我开始了像写日记一样地写诗，诗也就像日子一样被慢慢地攒了起来。现在看来，生活中的每一种坚持都是对当下的不辜负，否则，怎会有这本诗集和诗里刻下的岁月回忆。

黑塞是德国作家、诗人、评论家，被誉为 20 世纪最伟大的文学家之一，诺贝尔文学奖获得者。我喜欢他的诗。家乡的小径、乡村的夜晚、屋前屋后的小草与树木、天空的星星与白云等等都是他的诗。尤其读到他的《轻云》：

> 一片孤云
>
> 飘过蓝天
>
> 轻柔而悠闲
>
> 喜悦吧，你心
>
> 他将携带洁白的清凉
>
> 掠过你蓝色的梦乡（欧凡译）

我就想到儿时的时光：一人躺在田埂上，家里的那头老水牛在前头啃着那永远啃不尽的青草，看着天空上的朵朵白云，想着它们飘去的方向。那种自由与无束、追求与向往、任性与流浪，不知道是种啥境况，我也想过过那种日子，我也想在上面顺畅地呼吸。于是，我给公众号予名"黑塞上空的呼吸"。

呼吸就是生活，就是过日子，这本诗集可以说是生活的写照。快乐、不顺、生活的思考、日子的折射等，都在里面呈现。生活本身就是诗，尤其那悲痛却让人难忘的生活，更是一首写不完的诗。这也不免想起古希腊的悲剧，想起木心对悲剧的评价，想起《悲的生命》：

> 木心说，悲痛是咀嚼式的
>
> 快乐是吞咽式的

不然，古希腊的悲剧
哪有生命的无所畏惧

托尔斯泰说，幸福的都是相似的
不幸的却各有不幸
不然，六月飞雪
哪是千古一叹

我说，心还在痛，路已然在走
含着泪去看世界的美
拥有的味道
滋润着，美的质地

当母亲离开我时，生活还在继续，但生活的意义已开始转向。想念母亲的形式也改变了，变成诗歌。同时，逛书店时总会在诗集前逗留很久，我会关注叶芝的《当你老了》、叶赛宁的《致普希金》，我也会关注莎士比亚的十四行爱情诗，还有阿多尼斯的"我把岁月交给深渊"……

在此，我毫不掩饰我对伊朗大导演、诗人阿巴斯的喜欢。他的诗，有时就是一句话，可这句话，就是一个场景，就是电影的一帧画面："一只狼在放哨""在月亮监视下／那条蛇／爬进蛇窝里"（黄灿然译）。我说不出它的意境、它的美，但我被深深地感动着。原来这就是诗。也许，就是在这样的诗句里，我去感受内心

4

的孤寂，感受生活的那有质地的美，也去感受一首诗的哲理：

当我口袋里没有什么

我有诗歌

当我冰箱里没有什么

我有诗歌

当我心中没有什么

我就什么也没有（黄灿然译）

《黑塞上空的呼吸》分为四个篇章："写给母亲""写给自己""写给他人""写给岁月"，四篇章都是生活。我知道，生活的意义是人赋予的，用诗来表达生活，除了一份真实外，还有一份流动的旋律，流动的美，流动的张力……

波兰著名诗人、散文家、文学史家，诺贝尔文学奖获得者切斯瓦夫·米沃什说：一本诗集所包含的，无非是一句碎语和一个正在消失的笑声。也许就是这"一句碎语和一个正在消失的笑声"，让我们获得一些安慰。

感谢生活！

目　录

第三辑

写给他人

写给母亲

城市的灯光

窗外
没有家乡的满空繁星
夜的寂静
牵出了
远处闪烁的灯光

一闪一闪
犹如母亲手中的蒲扇
有节奏地摇晃
摇来了春秋
也赶走了冬夏

母亲不喜欢城市的生活
没有乡音
没有鸡鸣犬吠
更没有泥土的气息
可喜欢城市的灯光

城市的灯光
让黑夜的黑

温顺得如白昼的白
胆小的母亲
不再
害怕

回到乡村的母亲
拥有了
自己的山岗
青松苍柏
唯独没有灯光

借一片城市的灯光
照亮那片山岗
母亲可以坐在屋前
抬头
看看星光

2019.4.5

看到月亮，我想起母亲

看到月亮，我想起母亲
傍晚，干完农活的母亲总会挑起水桶
浇灌山边的那块菜园
夜色叫出了月亮
夜虫开始放歌
蚊子在我头顶盘旋、集结
"娘，月亮出来了"
母亲知道，我是想回家了

看到月亮，我想起母亲
天还没放亮
母亲背着一袋野毛栗子
拉着我，踏着月光
翻山越岭，赶十里外的早集
母亲胆小，年幼的我已是她心里的安全港
"娘，月亮还在"
母亲知道，我是埋怨起得太早

看到月亮，我想起母亲
母亲的那片山岗

夏有凉风，冬有暖阳
夜晚，除了那轮明月
还有成片的星光
"娘，月亮真亮"
这次
母亲不知道，我是在想她

2019.7.2

不敢想你

不敢想你
哪怕心里一闪而过你的身影
我也要扭过头，看看远处的风景
夜深人静时，才会让泪水肆意

不敢想你
让自己慢慢接受，没有你的时空
有时故意模糊你的样子，才会在心里嘀咕
你不答的相聚

时间慢慢散去，曾清晰的也在模糊
可我
还是不敢想你
我的老娘

2018.9.25

换种活法

三年了
你坟头的野草蔓延、枯萎，又蔓延
季节的轮换
提醒着后人
都是生活
只是
换种活法

从前
与人说话，叙述今生
现在
与自己说话，回忆前世
唯独夜晚的星空
不时地眨着眼
静静地看着
天地

2020.2.8

凌晨三点的路灯

凌晨三点的路灯
依然闪烁在环岛路上
大海的静谧
畅想着另一个时空

想起远行的老娘
说句话也只能自言自语
一切困惑
不知该向谁诉说

阳台上的微风
轻抚面颊的泪水
强忍轻泣哽咽
凝视那昏黄的灯花

去年此时
还在与老娘对话
今年此时
只有回忆那时的对答

2017.9.11

蒿子馍

一股焦香入鼻
心头一惊
蒿子馍的味道
的确，是这种味道
一面焦黄
一面米面的发酵
酥软而又焦硬的融合
味蕾分泌着甜甜的咀嚼
浸透着儿时的日子

伴随这种味道
走出了那道山
也跨过了那条河
村庄变得渐远
可这硬壳馍的味道却依旧

每逢三月
母亲都会到田野采集野蒿
粗米磨粉
甜酒发酵

做出来的蒿子馍
漫山遍野
填充着儿时的记忆

母亲让我在灶下帮忙添柴烧火
她往锅里加水
等水烧开
将面糊贴在锅的边缘
盖上锅盖
嘱咐我要小火
不然，馍会煳掉

馍慢慢地变大
贴锅的一面变硬，继而变黄
甜酒的香味散发出来
母亲掀开锅盖
用锅铲轻拍着每个馍
看着我渴求的眼神
先铲出一个让我尝尝
问我熟没？
我说"好了"
母亲就将它们铲起
然后做下一锅

酒香牵扯着米粉香
米粉香裹着青蒿的春气
来凑热闹的焦黄
点缀着腾腾的香气
双手捧着蒿子馍
用鼻子嗅嗅
用舌头舔舔
赶紧使劲咬一口
一下子，充塞欲滴的垂涎

离开乡村多年
走进了大世界
然而，却总在梦里回到
儿时的那个湾
回到了蒿子馍的锅边
蒿子馍的味道还在
母亲却走了……

2017.12.14

暴雨与闪电

凌晨，暴雨狂泻
阵阵疾风，裹挟着黑夜
从大地上滚滚而来，又滚滚而去
站在阳台上
闪电从远处深邃的夜空里
霹雳而来
条条小径
直通广袤的宇宙

那里没有狂风骤雨
没有疾病痛苦
有的是祥和、平静
那沁流下来的欢乐岁月
形成一道道闪电
告知尘世的儿女
一切都是那么地美

老娘在那儿
一定是快乐的
不然，不会半夜让我醒来

看那道道闪电

想想老娘的前前后后
还是不愿意承认
这一切是真的
闪电依然美丽
再美，也没有老娘的一句话动听
哪怕是一个字
也比世上的一切
扣人心

2017.8.1

你在那边过得怎样

大雨如注
哪有春雨的样子
奢华透露着无拘无束

肆意妄为里
总会想起远方的你
突然明白
一切都是事实

你的离去
是对我最残酷的惩罚
我知道
这仅仅是个开始

作为孩子的奢侈
已经湮远
但想念你的时刻
却越来越多

你在那边
过得怎样
我的老娘

2017.2.22

无时不想你

每天醒来
总是想起老娘
躺在床上
静静地凝视着天花板
老娘，你真的走了吗
心里酸楚却道不出那份怅惘
再也无法跟你探讨人情世故
再也无法向你说出烦恼
无法听到你的轻声责骂
也无法听到你报告老爸又去哪儿了
……
老娘，你真的走了
我眼里含着泪水，无声从脸庞滑落
你是真的走了
不再过问儿女们的家长里短
不再说我语调太重，脸色太沉
老娘，我无时不在
想你

2017.2.15

早上醒时

母亲节
一个温暖的节日
又是一个刺心的节日
在这样的日子里
想说的话
只有独白
没有人再来接下句
回不到过去
一万个想不到
却撞开了人生的轨迹
无限的思念
从早上醒时开始……

2017.5.15

生　日

昨晚又梦到老娘
老娘喊着什么
那奇异的现象：
总是触摸不到
醒来，依就是卧床的老娘

坐在校车上
又突然感触
原来这一切真的发生
老娘走了
想说话却没人再听了

打电话给老爸
老爸说今天是老娘的生日
老娘喜欢吃饺子
他就包了
老娘喜欢吃韭菜、粉条、鸡蛋馅儿的饺子

老娘的生日我是记得的
去年，老娘是在郑州过的生日

所有的亲戚、家人都围在老娘身旁
尽管心情沉重
但都满脸笑容
心里知道，这也许就是最后给老娘过生日

在那边，不知老娘第一个生日过得怎样
那边有姥爷、姥姥
他们一家子团聚了
应该比这边快乐
可我，已潸然泪下

2017.4.13

夜色下的阳台

阳台上
嘴角的那根烟
点燃了远处的大海，浪来浪去
夜色下
烟丝缕缕
飘荡着对老娘的思念

2019.3.13

别 离

不能听到"老母亲"的只言片语
否则，总会双眼充满泪水
秋风的凉意回起
浮现你矫健稳定的身影

外孙特地从外地回来看你
你知道这是你们最后的别离
坚定地起床
扶着门框送行

再多的牵挂放在心里
"我在那边会保护你"
再多不舍也只是泪眼婆娑
从呱呱坠地到满腹经纶
每步都有你的相随
此刻，泪水里有了一丝
笑意

缓缓抬起了你的双手

挥别你第一个孙子
这一切，定格了今生的
祖母情

2017.10.19

另一种乡思

火车奔驰在原野
家乡越来越近
去年这时，同样的铁轨上
我是回来看望卧床的老娘
此时是记惦那边的老娘

山峦起伏在远处
勾画的思线
一路追随：
没有了母亲的孩子
回来只能是一个客人

家乡日新月异
却总恣睢蔓延心中的风景
"人言落日是天涯，望极天涯不见家"
然而，家已见
心却空了

2018.1.23

苍穹种星

我仰望苍穹
那里有老娘的星空
如同辛巴[1]对话繁星
那里有木法沙[2]的声音

一段情牵出前世今生
一句话沉浮心底
关注的眼神伴随成长
没有你的世界开始飘荡

墨西哥的先人节迷津豁然
哪里有离去
只不过是出了趟远门儿
暂时不能相聚而已

老娘在星空里养着群星
时不时扔下一颗化成彗星

---

[1] 辛巴，迪士尼动画片《狮子王》主角。
[2] 木法沙，迪士尼动画片《狮子王》主角，辛巴的父亲。

让我们举目倾额
一瞬间，宇宙
群星闪耀，银河满盈

2018.4.19

河传·海湾

海湾
闲望
雨潇潇
烟蒙木桥帆远
举目独思愁不消
听海
梦系那边人

浪子天涯不曾归
时光短
悲怆空断肠
刘塆山
新塆田
菜园
不闻护犊唤

2018.11.14

还有什么能让你泪流

桀骜的命运
多难的变故
早已习惯了这一切，可是
父母脸上的沟壑
让人泪流

陪着哥哥姐姐罚跪
屁股上那道红印
成了如今乐道的回忆
父母早就不体罚我们
现今小心翼翼
让人泪流

不容置疑指责
看不得你有缺点
不知何时
父母不再那么随意批评
遇事与你商量
让人泪流

泪流
是夜间那盏油灯
解读了父母的亮度
是岁月的年轮
慢慢地爬上了心头

2019.1.18

第二辑

写给自己

独自骑行在一人的街巷

独自骑行在一人的街巷

昏黄的灯光

将我的身影拉得瘦长瘦长

孤寂地

脚踏着心的方向

似乎也拉长了我的梦想

车把上书包的重量

不时地提醒我

那里就是我的梦想

这种孤独

不是每人都享有

让书来阅读这一人的时光

2003.12

奔跑的信念

黑塞[1]的自然诗行

行走在心间

无论是幸福的追求

还是那一片孤云的流浪

让心境得到片刻的舒展

满缀的那份激情

不能就此平淡

舞动的灵魂

已不再由自己来牵连

人，就是以走的姿态

去追求跑的品质

流淌的不再是汗水

而是奔跑的信念

2014.5.13

----

① 黑塞，德国作家、诗人、评论家，被誉为 20 世纪最伟大的文学家之一，诺贝尔文学奖获得者。

向　往

向往手握信笔
划破那遥想的世界
一杯咖啡
一片阳光
一段往事
续写一滴人生

沉寂与否
只品味淡淡的存息
狂热
已远离
追诉的是内心的
那份自己

2015.1.15

视　角

逆境
让你对生存更有仪式感
谨慎地对待生活，不是坏事
即便是
那就改变视角
广角去审视浩瀚的宇宙

另一个视角
星空下的你
有了仰望的习惯
方才明白，总以他人的视域来框限
活出的是别人的境界
委屈了自己

自己就是人生的尺度
傲视的是星辰
畅游的是宇宙
点点灰尘轻掸拂拭
不忘注视的角度

2017.5.8

今天起不再后悔

今天起，不再后悔
因为日子告诉我
生活，不是你得到了多少
而是你忘记了多少

2017.12.18

色　彩

生命的色彩
是人为地赋予
有多少次的挥笔
就有多少道的绚丽

走在纠焦的路口
看懂了路边
杂草的春夏秋冬
也就看淡了世界的颜色

都是一生
殊途同归
大地才是
唯一的目的地

2017.5.18

远方的远方

坐在车窗前
眺望大海的远方
朵朵白云
悠闲地飘荡

大海的颜色
是追随天空
而我的心
是追随大海的波浪

时而
你追我赶
时而
沙滩卧躺

远方的远方
总是在前方
几声海鸥
带起心底那不曾去过的地方

2017.11.2

体 念

昨晚的美酒
还飘荡在眼前
醉的不是酒
而是人生各态

世间的美
渗透时空
灿的不是季节
而是人的体念

俯瞰那大地苍生
除了颜色
无所谓高矮
登高望远
远的不仅是境界

2018.1.12

如果人生被框限

如果人生被框限
痛苦的根系
将会无束蔓延

触摸大地
追问哪个季节被框限
四季也只是人生的一个分场
主场还是自己说了算

如果人生被框限
那就等春天
即使不开花
也会枕着东风入眠

2018.4.12

呼 吸

有时感觉很累
却只能放在心里
人生不完美
但，遗憾也是一种
救赎

有时感觉很兴奋
却只能放在梦里
人生不确定
害怕一旦说出
就不会成真

小心翼翼地守护
心里的这份自我
唯恐风雨来时
也变成了黑云的疆土
难以呼吸

2018.5.18

坐等黄沙呼啸

一片黄沙
紧绷着脊背的棱角
想落的泪
滋润着无以言表

那片焦黄飘零
回荡几声孤胆狼嚎
行走的影
独守着一份风啸

斜挎在背的吉他
敲打着漫漫黄沙
蹦出来的火苗
点燃孤烟袅袅

坐等黄沙呼啸
配曲胡笳调笑
大漠孤雁
背来一片月光弄潮

忘带一壶烈酒
醉倒
人生可有来路
头枕黄沙听边马独嘶

2018.11.16

做自己

习惯成自然
一旦理所当然
也就不会再去追问"应当"
做自己成了
另类的陪伴

习惯容易
做自己难
婉拒成了内心的不安
时刻挣扎免于自责的负担，却总走不出
世俗的天际线

习惯在意赞美与口碑
习惯获得嘲弄与伤害
满足别人委屈自己
习惯成了世俗的美德
做自己渐渐不再习惯

抗不住时间的裂变
生命的活力浸透一息明白

卑微谦顺是种修养
含蓄礼让是种内涵
做自己却是种尊严

做自己
才能看到"自我"
扭动的潜在
在意自己的回归：
"认识你自己"

2018.9.29

忽视很多

每天揣着希望
驶过环岛路
海岸线蜿蜒着它的妩媚
明白什么是日常

天地造物
再平常不过
阳光抛下的丝线
穿透晨雾的衣衫
原来，我忽视了很多

没有细问
害怕触及内心的脆弱
坦诚着一份明白
被外界裹挟很多

有时是自愿
有时是被迫
游走的心思
哪会去思索这再自然不过

原来，我忽视了很多

万物活着
卑微里述说自我
野百合不只有春天
拥抱大地
看着星星一颗颗滑过

2018.1.5

叹息里的凝望

躺在床上
翻开书页
历史长河瀑泻而来
维瓦尔第①绕过客厅
飘荡在书房
日子充溢满足

一声叹息
轻轻地
却久久地萦绕心头
寻迹而溯
是对日子的不满
还是对明天的不安

叹息里留存着无奈
只能去品味
独自饮下
叹息里的茫然

---

① 维瓦尔第，意大利杰出的小提琴家，巴洛克末期重要的作曲家，
被誉为"协奏曲之父"。

那方向
却延伸得很远很远

对世界的渴望
被生生掐灭
束缚住生命力
无法动弹
让叹息来吧
呐喊着骨子里的倔强

绝望
遗憾
无语
原来是个
过程

2018.1.10

相信食指[1]

圣诞节

圣诞老人

轱辘里可有我的礼物？

送来的不仅是温暖

还有春的讯号

未来的期待

让我相信

相信未来

2018.12.25

---

[1] 食指，中国朦胧诗代表作家，代表作《相信未来》。

斯万[①]的心情

没有斯万的才华

却有着他的心情

每每期待

却总自责成一切不满与抱怨

阵阵寒风

刺骨的凉

这不是风的错

是你低估了冷冽

一个微笑

温暖了整个冰川

没有了寒的格调

也没有了冰的尊严

甘愿臣服

一切冷与漠

---

① 斯万，20 世纪法国作家普鲁斯特代表作《追忆似水年华》的主
人公。

寻找理由来自我解脱
只因那人面桃花

2019.2.6

夜里流荡的云

夜里
一片孤云
依旧在赶路
行色匆匆

不是黑塞的那片
它
"飘过蓝天，轻柔而悠闲"
会掠过你蓝色的梦乡
你是否也看到了这片孤云？

我仰头
凝视了很久
找不到这片孤云
夜里流荡的宿命
心也随着
匆匆起来

2019.3.18

伞 下

下雨时
我独自
一人撑伞

另一人
我放在心里
不让雨淋

2019.5.8

我喜欢

我喜欢用时间的流淌
来洗涮内心的渴望
我总以为流过的痕迹
就是美的刻画

触摸这些宇宙的纹理
浸润生命的信仰
一场"雪夜闭门读禁书"的风景
追溯着自我

2019.4.25

我的孤独是座花园[1]

我的孤独是座花园
想母亲时
捧起一枝康乃馨
端详它的芬芳

我的孤独是座花园
月光下的玫瑰
娇艳欲滴
颜色却留给了自己

我的孤独是座花园
每天演奏的音乐
不由我来决定
那是花谱写的调曲

我的孤独是座花园
里面
虽然草长莺飞

---

[1] 《我的孤独是座花园》，叙利亚诗人阿多尼斯的一本诗集。

可我坚信它会开花

我的孤独是座花园
拿本书
坐在里面
篱笆上挂着牌子：非请勿进

2019.6.1

热　浪

远处那片热浪，光芒一片
我像勇士一样冲了进去
追逐前方
远处在无限拉伸
拉伸在平坦且规则的路上

2019.12.13

我学路遥的样子

花团锦簇，让人沉醉的花园

飘溢着沁脾的芳香

蜜蜂、蝴蝶翩翩起舞

人们围绕在华丽的栅栏边

翘首期盼

小草成了垫脚石

我学着路遥的样子

朝一旁树干上吐了一口痰

他想看病了没有

我却想看病的程度

2019.7.20

跟黑夜讲和

漫漫长夜
该如何度过
瞅着床头灯
我思索着
随手拿起《意大利的黄昏》[1]
脑海里却只有《洛丽塔》[2]
恼人的夜呀

我不是惧怕你的黑
可你的黑让我停止了白天的思考
蜷缩在你的黑夜里
我心安理得
讲和吧，你延续你的黑夜
我在你的黑里
拿本书，等待黎明

2020.1.5

---

[1] 《意大利的黄昏》，英国作家 D.H. 劳伦斯的一部域外游记。
[2] 《洛丽塔》，俄裔美国作家弗拉基米尔·纳博科夫的长篇小说。

路　上

这段路走多久才算走完

我用梦想与思索估算着它的长度

有时奔跑

有时漫不经心

可它总摩擦着我的轨迹

我以为把握着进度

却在去厕所的这段路上

不断地修正着我崇高的理想图腾

2020.5.8

黑夜赶路

阳台外，路灯时不时地闪烁
听着夜的寂静
想象着夜的颜色
没有黑的夜
夜瘦得没了个性

城市里
渐渐忘记了黑夜
唯独记着
离开老家山村的那个夜晚
披着星光，在黑夜里
赶路
不是迎接黎明的到来
而是要走完那段路

2020.5.19

孤独不会分享

不用试图走进
我用孤独的篱笆
建起的花园
只让闻到花香
不让窥知哪朵在怒放

孤独不是用来分享的
只有独自品尝
才感到那是种怎样的美
何必去想象
别人的怅惘

2020.7.10

阳台的映山红开了

阳台的映山红开了
开在厦门最冷的冬天
生命力的绽放，季节的诱惑？
惊艳于树丛绿叶
滚淌在冬的灰蒙
不必追问是花的放浪
还是季节的催情
拿本诗歌，与映山红一起晒着太阳
阳台上的属于我
大地的那片，让别人去吧

2021.1.9

生活疲惫依然爱

生活很疲惫
我依然去爱
爱，让我拍拍身上的灰尘
抬头望前方路的延伸

我不再去追问生活疲惫的原因
存在即合理不是唯一
可我依然去爱
爱，让我收集零碎的阳光
普照埋在心底的种子与土地

我也不再去定义生活的疲惫
疲惫的不是生活，如同流泪的不是眼睛
但我依然去爱
爱，让我触摸他人不曾的际遇
感叹美的质地

2021.3.26

第三辑

写给他人

遇见海子①

三十年前
你说西藏：是一块孤独的石头，坐满整个天空
而你的孤独
只有西藏的天空才懂

黑夜不能使你沉睡
黎明不能让你醒来
而你沉溺于自己的世界里
哪里有黑夜与黎明

三十年前
你说西藏：在这一千年里我只热爱我自己
别人不懂你的爱
而你只有热爱自己

没有任何国王使你变成王座
而你的王国
是信仰

---

① 海子，原名查海生，当代青年诗人。

有了王座，就有了枷锁

泪水不能使你变成花朵
有泪水就有羁绊与伤感
花朵的美
是不忍看到这些

三十年后
我来体念你的旁白
孤独的天空让灵魂有了落脚
灵魂的孤独是不需要懂

懂与不懂都不重要
只有内心深处的归宿
自己的那块荒芜
已然是一片绿洲

三十年后
我站在西藏的星空下
黑夜给了我想象
我却用它来寻找你的向往

默疚那匍伏的前世
虔诚那手举过顶的来生

唯独屏息的灵魂

淡淡了世俗

2018.8.7

野　花

你在荒郊野外静静地绽放
不为世人的欣赏
也不为蜂蝶的繁忙
只为春天的到场

冬天的记忆还在
犹如天空的一道残阳
留下的刻痕
只属于远方

是哪里飘来的花香
又是谁将大地换装
东风吹走的不仅是残雪
苏醒的田野
开始了季节的赶场

2018.4.9

信阳兰花

高大的树木笼罩在上方
你没有仰望
因你知道
那不是你的方向

蓬勃的荆棘围困在四周
你没有彷徨
因你知道
那不是你的战场

荒山野岭
偏僻孤寂处
你纤细的身影
紧紧扎根在大地上

无意展示高傲的姿态
可是那高贵的清香
淡雅的神韵
让蜂蝶疯狂

你沉溺自我的世界
独自疏林趣未穷
你憎恨被人玩味
宁可空枝不抱香

但你在等待
哪怕只有一次机会
就会让不可一生的芬芳
尽染大地的苍茫

2018.4.10

读

车窗边
阳光打在你手里的书页
你和书，在那一刹间
定格在清晨的环岛路上

你抬起头
白色的海轮
在蔚蓝的大海远处
你的眼里多了一份烟波

合上书页
陷入沉思的你
轻声地一个叹息
却落在别人的心头

2018.5.17

蹄莲叶

一片蹄莲叶
走过春秋四季
绿色是你
存在的资本
可水才是你
生存的本质

2018.5.29

种 子

种子
在雨中发芽
尽管不是春天
可还是赶上
夏天的热情
有展现
就有春天

2018.5.30

黑夜的海

你沉寂在一片黑幕
却让远处的渔船
轻轻摇荡
抚慰船沿的低吟
流露着海湾对桥的思绪

你漫过栏杆
感觉一丝清凉
唯有那滴血的触角
在海水里加了一份咸
韵成了黑夜一抹颜色

不远处的海面
泛着月光的明天
点点微澜
穿透夜的
苍茫

披在身上
憧憬着以前的梦

不去听首舒伯特的小夜曲
担忧引起群星的冲动
扰乱这份静谧

你紧紧拥抱暮色的活力
让海湾吃惊你的涌动
呐喊似乎响彻夜空
可你还是轻拍海岸
唯恐惊醒黑夜

2018.8.26

读 书

世界
读与不读都在
同一片天空
却有不同的月光

远界
给了世界的视域
读书
给了远界的远界
你有你的远方
吾有吾的书房

2018.6.6

给　你

手握一把岁月
遗落风化的那段曾经
总在心头回忆
那张不忍直视的照片
现在却诗画般美丽动人

手握一把憧憬
搅动内心的那片日子
总在心底泛起
泛起泪流的酸楚
却述说幸福的沁泌

手握一把未来
撰写生活的红尘
总缠绕着点点无奈
日子洒满现实
活着一个不屈的期待

手握一把历史
回头深望那瘦瘦的痕迹

飘逸里隐隐着性感
着墨的人生
原来在自己手里

2018.9.10

飘逸里隐隐着性感
着墨的人生
原来在自己手里

佩脱拉克①的劳拉

劳拉，不要去尝试了解佩脱拉克
一旦了解
他就不是你的了
他也不知道他属于谁

劳拉，不要去尝试恨佩脱拉克
一旦恨
他就陌生
陌生比恨还要毒辣

劳拉，可以尝试离开佩脱拉克
一旦离开
他就会痛苦
痛苦时才领悟离开是种惩罚

劳拉，可以尝试遗忘
不，遗忘是不道德的
佩脱拉克需要拯救

---

① 佩脱拉克，意大利学者、诗人。被认为是人文主义之父。

对，那就成全他吧
拯救一个落魄的佩脱拉克

2018.12.17

孤　影

无意品味"独钓寒江雪"
也无意独饮清瘦的孤寂
风不动
雪不飘
只有冷还在那不离不弃

静静地眺望
青松撩着苍翠
山林裹着雪被
远处的风景
是她们的相依相偎

这是谁的冬
雪花飘零
这又是谁的景
水墨染滴
困惑着
那一盏孤影

2019.2.3

月亮哭了

月亮
将星星弄丢
哭了一星期
雨
下了一周

别担心
丢不了
明天
太阳会牵着他们回来

2019.3.14

写给《天使，望故乡》^①的尤金·甘德^②

是的
将自己抛出去
毫无保留
毋须迟疑与顾虑

让自己处于绝境
感知绝望
在一个抛弃的世界里
让生命看到韧性

将自己抛进陌生
认识陌生
孤独的陌生
开启了自我对话
那才是触摸的灵魂

将自己抛进黑暗
咀嚼黑的颜色

———————————

① 《天使，望故乡》，美国小说家托马斯·沃尔夫的长篇小说。
② 尤金·甘德，《天使，望故乡》的主人公。

有了最黑
哪怕一点微光
也是最美

将自己抛出去
一副肉体的皮囊
束缚了潜在的洪流
直面赤裸的"存在"
听听"本我"的声音

将自己抛给病逝的阿宾[①]
才知道眼前的一切并不是真
别人说的并不可信
搞不清人与鬼
唯一知道的是：
一切都会过去
包括自己

抛出去
撞击外界
听到了一个回声：
人生的意义不在外界
而在自己

2019.3.3

---

① 阿宾，《天使，望故乡》的主人公，尤金·甘德的哥哥。

那个女孩

书架前，你悠然坐那
左手撑着下巴
右手握本书

书香洗着岁月
流动的时光
却在你那凝固

一动不动
世界与你无关
你沉浸在文字里

缪斯，文艺女神
在这里
流溢古希腊的智慧

维纳斯，那双断臂
在这里
托举出时间的味道

书架前
灯光下
你坐在那
屏息了
世界的喧嚣

2019.4.23

孤狼的夜

一头孤狼，在山岭穿梭
那轮圆月，打着追光紧紧跟随
夜幕围的猎场
它在寻找谁的墓地
抬头，望眼苍穹
无须等太阳出来暖场

2021.3.9

海 浪

海浪
一路追随
船从不回头看她一眼

前方
除了大海
还有海浪的海浪

2019.4.29

写给阿赫玛托娃[1]

我反复地咀嚼着你的
"我宁愿在漂泊中死去
也胜过在桎梏中苟活"
漂泊是个假设
桎梏却是个真实
我在无意中忘记"桎梏"

因我选择了习惯
习惯了那灰蒙的天际
飘着遥远的憧憬
漂泊在时间之海上的白帆船
在阳光下曝晒

2019.7.12

---

[1] 阿赫玛托娃，俄罗斯"白银时代"的代表性诗人，被誉为"俄罗斯诗歌的月亮"。

第欧根尼①的阳光

深冬
躺在沙发上
阳光从不拐弯地进来
照在身上

走开
别挡住我的阳光
即使是亚历山大又怎样
阳光比权势更有力量

阳光又从不拐弯地走了
赶走了亚历山大
就能留住阳光？
还是留给永恒的时光

拥有的是短暂
可就是这短暂

---

① 第欧根尼，古希腊哲学家，犬儒学派的代表人物。

坚定着一个信念：

草料比金子更可靠

2018.12.31

坚定着一个信念：

草料比金子更可靠

楼兰姑娘

楼兰姑娘
远处的苍古属于岁月
历史的长河
让我明白了生活的在乎

我只在乎眼前的残垣
那里是我记忆的地方
每堵断壁
垒筑着我的远方

我只在乎战马的嘶鸣
那里有我不变的牵挂
盔甲就应飞踏沙场
可我还是渴望你归来的尘土飞扬

我只在乎漫漫黄沙
黄沙的那头
总会传来驼铃的悠扬
那熟悉的身影湿润了眼眶

楼兰姑娘
望着克拉玛依的方向
驼队牵来了一线夕阳
裹着夕阳的余温
守住明天的期望

2019.8.24

新疆的孤独

我脚踏黄沙

牵着被岁月压弯背的骆驼

追寻那串不知方向的弹布尔[①]

心里荡着千古史话

我行驶在崇山之巅

晨雾绕在云杉腰间

那匹低头的汗血宝马

可在忆当年的成吉思汗

我跨过塔里木河

捧起了雪山的温柔

辽阔的草地上

点点毡房传来了我向往的木卡姆[②]

我一眼千年的望穿

那片尘烟扬起的璀璨

———————————

① 弹布尔，维吾尔族、乌孜别克族的一种弹弦乐器。

② 木卡姆，现代维吾尔语中，主要是"古典音乐"之意。

我一眼千年的追逐
那条河拉长的是谁的孤独

2019.8.28

木垒①的雨

我是雨
散落在木垒
点缀着雀仁②的白杨
浸汇成水磨沟③的溪流
砸落了鸣沙山上那颗滚烫的沙子
不再惆怅着
一缕烟的袅袅张望

我是雨
洗涤尘土不是我的追求
大地沉甸甸的季节
才是我的归宿

2019.8.12

---

① 木垒，新疆维吾尔自治区昌吉回族自治州最东边的一个县。
② 雀仁，木垒县的一个乡。
③ 水磨沟，木垒县的一个村。

天山下的阳光

天山下的阳光
总在云杉身旁打转
一个响指
给牛羊圈了地方

金雕在阳光里洗刷着翅膀
穿空的呼哨
告诉牛羊
回家的时间到了

阳光给出了回家的路线
即使迷失归途
拉着毡房的炊烟
也会找到家的方向

2019.8.13

布尔津的早上

布尔津的早晨是宁静的
旷野的那头骆驼
抬头
朝着东方
一动不动
这么深情地凝望
是在与朝阳对话
还是在思索远古的风沙
犹如雕塑
雕刻着岁月的剪影
留在心底可触摸的地方

2019.8.22

布尔津的傍晚

布尔津的傍晚
风车摇转夕阳
拖着一片余晖
行走在回家的路上

额尔齐斯河畔的白桦林
勾着瘦瘦的云
拉长的身影
凝聚成家的方向

2019.8.23

喀纳斯的清晨

清晨
漫步在月亮湾
不想惊扰昨夜的雨滴
打落林间的韵律
将自己的思绪锁在晨雾上
随风流荡
做一个袖手过客
静静地
看这里的风起风落

2019.8.26

赛里木湖边写首诗

那天，我坐在赛里木湖边
沿着空旷，想象着未来
远处的雪山瞅着泛黄的草地
牛羊放牧蓝天
我用眼神牵着朵白云
等待着，那扬起的牧鞭

你从身边走过
坐在不远处
撩起这滴大西洋的眼泪
戏落一滩余晖

写首诗吧，我们都在等待暮色
苍穹下
云杉窥视大地
我窥视着你
星星窥视着我们
这是一个窥视的世界

2019.12.20

生活的底色

—— 写给《何以为家》①

没有别的期待
只想将他养大
即使再卑微
也没改变这种渴望

任何人都无权批判
只有经历过才知道该怎样
谁不想躺在草地上享受阳光
生活却不让你这样奢望

有的为了活着
不知何为尊严
而有的为了光环
却寝食难安

在生活面前
没有男女老幼
没有美丑恶良

① 《何以为家》，电影名，由黎巴嫩导演娜丁·拉巴基执导。

有的是要自己去坚强

生活的颜色
犹如大海
追随着天空
可那不是生活的底色

生活的底色
就是 18 度灰[1]
白得不够白
黑得不够黑

生活的底色
需要自己去补偿[2]
可别指望阳光
不然，翻云覆雨时又是迷惘

2019.5.9

---

[1]　18 度灰，摄影测光以 18% 反射率作为曝光参考值，以 18 度灰板的灰色来作为基准值。

[2]　补偿，指曝光补偿，摄影中曝光控制方式。

叶子的颤抖

叶子在颤抖
不是因春天的到来
而是挺过了寒冬

2020.4.8

你是瓶酒

你是瓶酒
触摸着你的度数
却还想用嘴唇去猜测你的温度
那可不是酒瓶的距离
封着
你的季节
我的醉

2020.3.9

雾

大雾封着海面
白茫茫一片
它以为封住了整个世界
我在岸边静静地注视着

2020.3.27

用我们的脆弱去原谅

你对着天空
喊妈妈
哥哥说，想妈妈了
就对着天空喊

孩子，没有妈妈的日子还很长
时间会让我们慢慢适应
但不要将妈妈的身影遗忘

孩子，不要记恨这个无情的春天
用我们的脆弱去原谅吧
尽管我们也不知道该原谅什么

2020.4.12

生命的傲慢

理性，不懂生命的傲慢
只会用死亡来胁迫
却不知死是生的开始，生是死的舒展
手握死亡
感受生命的跃动
捕捉一种叫"意义"的东西

2020.7.4

大地的厚重

起风了，山村凉了下来
深秋里，柿子树上的"小灯笼"
给这片山水点上朱砂
大地的厚重
轻描淡写地
写在了这光溜溜的树枝上

2020.10.23

世界的隐喻

整个世界都在隐喻

我却还在为它寻找图腾

有时，我不想去弄懂这个世界

可它总不放过我

彻夜失眠，为失去的日子找个理由

这个隐喻的世界

让我如同走在漆黑的旷野

竟然忘了手中提着的一盏灯

2021.2.3

第四辑

写给岁月

曾 经

翻开过去的尘封
流水的日子
在不经意时
激起了浪花

折射的片段
在阳光的抚慰下
闪烁灵魂的足迹
慢慢去拾起

难以相信
那就是自己的曾经
也会掩面感叹
曾经的点滴

艰辛或者顺心
都定格在生活里
显示的是一份真实
流落的是对日子的记忆

记忆的就是曾经
曾经的，哪有对与错
这一切都是生活的方式
如此而已

2015.1.26

雪里乡村

一场雪
整个山村都静下来了
几声狗叫
拉长了这份冷肃

村头
光溜溜的树梢上
驻着几个喜鹊窝
守望着村庄的岁月

低矮的门楼
结冰的藕塘
稀拉稻茬的水田
只是不见了四爷家的那间茅草房

从村头一边走出的日子
走进了村头另一边
留下了不倦的
乡愁

2019.2.2

顶沃仔①的街巷

顶沃仔的街巷，窄窄的
挤过我的想象
猜测着曾经的日常

阳光打在脱皮的墙上
盯着巷道的剪影
我痴迷它的斑驳

历史的沙粒
抖落着远处的回声
还有那街巷昏黄的灯光

站在巷道的路灯下
等待灯亮
也等待着她的脚步
在街巷的那头踏响

顶沃仔的街巷，一头连着鸿山寺

---

① 顶沃仔，厦门大学附近的海边老城区。

一头连着海边
站在巷道中间
我该去向哪方

2020.4.15

流 失

对岸的小金门
淹没在大雨的灰白中
经过时代的冲洗
她依旧站在那里
时间的流失
抹上了历史的厚重
曾经的她
现在的她
以后的她
斗转星移
她依旧是她
不，时间没流失
流失的是我们

2017.6.14

秋　思

昨夜的小雨
让今晨显得格外地清晰
藏不住的初冬
流露出了她的高傲、冷肃

秋天的渴望
还是抵不住自然的尺度
只得悄然隐退
即使不舍
也只能回味
秋风扫落叶的凄凉

要是早些明白
何不善待那夏的炎热
四季轮替
是亘古的
法则

2017.11.20

裂 变

昨夜的雨
带来了海对岸的一簇青黛
低绕的云
勾勒出海岸线的标注

静静的海面
抚平往日的皱纹
注视的眼神
亲吻着大海的梦想

清新的海空
点燃飞翔的渴望
向往的种子
孕育在辽阔的海上

伴随海鸟阵阵的啸哨
悄然裂开尘封的皮囊
有裂变
就有期待的畅往

2017.6.15

不　惑

不惑的年纪
竟然还这么彷徨
日子容不得你
踌躇满志
一晃眼
又是一个秋冬

一切皆是流变的事物
何必放在心头
只有记住
生与死的源头
人生的意义
方才显露

旅途中的风景
可遇不可求
走过
就是一幅画
将它封存在心口

用心去感受

自然，才是真正的高手

2017.8.3

用心去感受

自然，才是真正的高手

活　着

藤蔓爬得再高
依旧是依附
蓬麻虽只一夏
却挺拔傲立

天地间的生灵
自有各自的活法
活出颜色
才是真的自我

2017.5.9

灵魂对话的地方

曾想象你的样子
心灵放飞的地方
曾想置身其中
放任自己的思想

你的山清洁
你的水净凉
你的声音飘荡在天堂
有人说你那里
是与灵魂对话的地方

你是我的想象
让我感受如此地渴望
来吧，我那空灵的地方
只有你才能告诉我
我的灵魂是怎样

走过的
并不是说行走的力量

那是要找到
灵魂放飞的地方

2017.10.17

大海与海岸

大海、海岸
有大海的地方就有海岸
无论谁想摆脱谁
都是一种假说

大海因海岸而浩瀚
海岸因大海而壮观
大海与海岸的牵绊
演绎着天荒地老的眷恋

生命力的跳动
诠释内在的原动
平衡的美
无须用语言来描绘
静静地感受
大海与海岸的厮守

想跑、想飞
不需要声张
知道去的方向

就用脚步去丈量
像大海与海岸一样
用心去倾听
脚底与道路的厮磨情长

2018.1.9

城墙垛口

站在古城墙上
垛口诉说远去的厮杀
触摸着千年的足迹
驻脚在同一片天空下

杳杳的钟声
编织着秦唐的盛世
历史的长河
蜿蜒着另一个千古

垛口的斑驳沧桑
静静流淌着
灰尘的坑凹
和亘古的史话

2017.9.21

远望的坚守

坚守，并不是为了承诺
而是要看，到底能走多远
远望，并不是为了风景
而是要看，梦想还有几多方向

2018.5.26

收　获

有多少向往
就有多少希望
一时难以企及
却留下了张望

人生的奇妙
在于永远不知道前方
走过
就有了历史的模样

也许不能到达那个地方
可路过的就是
收获

2018.7.5

月亮的黎明

穿行
无止境地穿行
边界的那边就是黎明
一点光的诱惑
却穿透了一个梦的世纪

穿行
没有终点地穿行
这趟旅行就是为了黎明
黑夜的颜色
承载着一个呐喊的灵魂

晕圈点燃了黑夜的幻想
黎明的世界总有黑夜的影子
可有了月亮
哪愁
黎明

2018.9.6

一眼秋

沙滩
棕榈树
阳光
静候在海边

大海
礁石
巨轮
将思绪拉近又拉远

深秋的海岸线
缠绕大海的离愁
辽阔的海面
起望着岸的行走

相同的岸不同的潮
一声声海鸥
一眼眼的秋
吹落的不再是昨日的忧

2018.10.29

红高粱

高粱摇曳
唢呐钻心
红彤彤的余晖
让大地颤抖

撕心裂肺的走腔
走到心口
抓一把高粱秆
使劲地嚼着日子的年头

风吹高粱低头
余温攒起了奔头
端起这碗高粱酒
前头的路就大胆地走

带走了高粱地的红裤带
也带来了夕阳的秋
西风残照
天地悠悠

2018.11.27

森林的由来

石缝里
一颗种子发芽了
鸟嘴的无意
埋藏着一片森林

2018.7.4

轮 回

季节的轮回
要去的去
要留的留
没有任何的不舍与挽留

不要去揣摩
一旦揣摩
就有多愁善感
就有了春夏秋冬

2018.7.10

年 味

楼下
嫂子在厨房里"梆梆梆"地敲着
老爸与老哥时高时低地商量着菜样
中午有客人要来

看着飘雪的窗外
小侄女在另一个房间呼呼大睡
十点多了
房间的温暖是赖床的最好理由

大年初三，开集了
老爸要到集上去买胡萝卜
老哥说煮羊肉用胡萝卜好吃
踏着雪花
咯吱咯吱的声音在老爸脚底延伸……

这就是年的味道
年味，是墙头悬挂的腊肉、腊肠

是家人你一句我一句的家常
是老爸在楼下呼叫你下去吃早饭的吆喝
……

2019.2.7

山村年味

大别山下
山村覆盖在几天前的雪里
那条小河沟
围绕着村头的老槐树
拐了几道弯

从前的泥泞小路
踏出蹒跚蜿蜒的水泥小道
穷得娶不起媳妇的小山村
而今家家门前
晒满熟悉的味道

腊肠缠绕着寒冬
腊肉飘荡着记忆
儿时的馋涎
滴滴封存在
老屋的火垱边

山脊连绵
山还是那道山

沐浴在屋前的阳光下
深深吸了一口
满是年味

2019.2.3

等　待

春天到了
万物还在沉睡
不见花开
不见草绿
残雪还在飘扬

等待
等待的是时间
这个伟大而又神圣的创造者
让一切都融入她的怀抱
时间，创造着摧毁着

聪慧的精灵
就在等待里
让大地追随
因她看到了寒意里的含苞
飘雪里的破土
……

2019.2.27

雨　夜

夜
雨不曾停
卧听窗外
星星痛快地洗浴

春
雨中漫舞
一页页书
撞醒雨霏霏

2018.3.6

仅此一次

春天
争芳斗艳
使不完的劲
每个毛孔都宣泄着生命的渴求
极致表演
仅此一次

拉长的天地
只在乎活力的飞扬跋扈
把握
属于自己的时光
痛快淋漓
仅此一次

时刻准备着尘封裂开
展示最绚丽的色彩
也时刻准备着，生命的凋零
这期盼的憧憬
仅此一次

是的
今生的旅程
仅此一次
辜负了这次
也就辜负了一生

2018.4.11

孤寂的醉态

相聚的日子
微笑总是在脸上洋溢
而内心的那份焦楚
只有独自品味

端杯美酒
轻轻地晃动
闭目触嗅
停留在品与喝的弥留

一段忧愁
浸在酒香
飘出的醉态
迷惑着外面的世界

内心的独白
孤寂地藏在心底
时不时地
泛上心头

2018.3.6

说

"我的心从来不会撒谎"
这是叶赛宁[1]说的
我也是
可我的语言会撒谎

我说出
并不代表我心
是的
口是心非

维特根斯坦[2]说过
有的可以说
有的是说不出的
很多时候都是这样

2019.4.16

---

[1] 叶赛宁，俄罗斯田园派诗人。
[2] 维特根斯坦，二十世纪著名哲学家。

漩　涡

雨中的小溪静静流淌

不停打转的小漩涡

盛开着花朵

闭上眼

轻吻你的酒窝

芬芳牵着远处的嗅觉

触摸着琴的丝弦

颤音

来回拉着岁月的叹调

2019.6.5

走入秋天

揣着夏天的梦
走入秋天
季节的风吹起了回忆的调子
该从哪段开始？
触摸过的都是自己的曲子
只是有的音调凉一些

2019.9.23

幸福成了脱缰的野马

幸福成了脱缰的野马
手中拽着过往
尽管只剩缰绳
可我还是喜欢
你那扬起的鬃毛
随意剐蹭时空的痕迹

2019.7.28

滚落的泪

仰望苍穹
一切都是累赘
滚落的泪水浇灭了
心里的那团火焰
曾是熊熊燃烧
岁月让所有归于平淡
深邃的星空让岁月羞涩地躲藏
唯有泪水
像流星一样
滑落过去的倔强

2019.10.7

风与树

风咬牙切齿地叫道：
这是我的地盘
我要将你连根拔起
摧毁你的灵魂

树紧紧抓住大地
卑躬地弯下腰
可昂着头
死死地盯着灵魂

太阳出来了
风的地盘成了沃土
树长大了
却不见了风

2019.10.10

一片绿叶

一片绿叶
飘落在旺盛的夏季
飘零的季节
还遥遥无期
是风的疯狂
还是大地的盛情
也许，是绿叶的孤傲不羁

2019.6.16

麦子熟了

麦子熟了
金黄揉搓着时光
大地孕育着另一个战场
拾起麦穗
我揉搓着饱满
想象着时光揉搓我的模样
站在大地上
跟大地一起等待着
来年的金黄

2019.12.10

麦地的那条小道①

麦地的那条小道
不再纠缠历史的足迹
金黄演绎着长长的舞台剧
唯有那麦芒刺痛着天空

张骞的旌节系着帝国的荣耀
耿忠的战马嘶鸣着边疆的山河
麦地的这条小道
守候着亘古不变的沉默

我站在这条道上手抚麦浪
湘上农人②在这片土地上书写西域的想象
可曾与我一样
感叹这片金黄

2019.8.16

---

① 新疆奇台县的麦地。
② 左宗棠，字季高，号湘上农人。

乔尔玛①的路

一条路
走出了铁戈剑戟
走出了攻城略地
却走不出战马的嘶鸣

战马的嘶鸣
唤醒了千年的记忆
唤醒了祖先的遗志
唤醒了那疆场驰骋的青春

一条路
走出了荒漠孤岭
走出了日夜星辰
却走不出那段曾经

曾经的岁月
缠绕着飞天的舞姿
缠绕着驼队的铃声

———————————

① 乔尔玛，属新疆伊犁，位于独库公路与伊乔公路的交汇处。

缠绕着那灿烂的西域文明

一条路
走出了雪山
走出了戈壁
却走不出冬不拉

冬不拉的弦
拨动着牛羊的足迹
拨动着父母的吆喝
拨动着那奶疙瘩的香溢

2019.9.30

悲的生命

木心说，悲痛是咀嚼式的
快乐是吞咽式的
不然，古希腊的悲剧
哪有生命的无所畏惧

托尔斯泰说，幸福的都是相似的
不幸的却各有不幸
不然，六月飞雪
哪是千古一叹

我说，心还在痛，路已然在走
含着泪去看世界的美
拥有的味道
滋润着，美的质地

2019.4.1

海上溢光

海面上波光斑斓
渔歌泛舟
精致的溢光
原来是朝阳的抖动

云层里射出的光箭
煮沸着大海
遥远的世界
慢慢地向我靠近

我该歌颂谁？
大地与大海
草木与沙子
太阳不在乎我的注目

2019.11.13

老巷小馆

厦门老巷的小馆
我与朋友叙旧
她说我现在一嗅灰调
我说那是她没见到我的从前
如同这老巷
现在灰，那是岁月的颜色
赋予了日子的意义
从前新，那是日子的意义
涂着岁月的颜色
她端起茶说：
为从前

2020.5.28

日子的粗糙

日子有些粗糙
我用斧头将其斫平
衔接不上的缝隙
用诗歌缝起
针鼻落脚的地方
就是记忆的故乡
道道痕迹
本就是日子的模样

2020.7.30

牛绳上的秋天

我的童年有一半是在牛绳上过的
收割后的稻田，就是牧场
我和我家的那头老水牛
还有小牛犊
从田这头走到那头，又从那头走到这头
整个秋天被我仨踩得
拖拽出冬天
山村、田埂、稻茬
回荡着我背诵的语文
牛鼻、绳头、散落的稻穗
牵着秋天与童年
我们都流落在小牛犊的眼眸

2021.2.15

把时间攒起

把时间攒起
一起慢慢地变
我变老
它变长
攒时，种下种子
心就不会慌
我用变老来等待
换得种子的枝繁叶茂
它用变长来丈量
流溢年轮的密阴疏阳

把时间攒起
一起慢慢地变
我变老
它变长
老得不再攒起时间
长得不知老是啥模样
那时，种子就会攒起时间
时间就会慢慢变长

2021.3.6

后　记

《黑塞上空的呼吸》是我的第一本诗集。

生活不是写诗，但写诗是一种生活，多年前，我捡起诗，让自己过上有诗的生活。诗是生活最本质的表达，是对生活的思考，也是生活给予的思索。有时有意，有时无意，正是这种有意无意，让生活精彩起来。然而，本身无意，却隐含着有意的追寻，这也是我的人生《留白》：

我故意给生活留白 / 让日子在里面不着墨地肆意 / 释放的空格 / 点燃着人烟 // 留白，界限的突围 / 放纵思想的冷溢 / 想起，随手一笔 / 画就一段人生 // 留白 / 空着自己的边线 / 空，就是拥有

手捧《黑塞上空的呼吸》，让我对第二本诗集《留白》满怀期待！

2019 年我的《打在地上的光：厦门书店散记》出版，正当我筹划 2020 年出版《黑塞上空的呼吸》时，

疫情突然来袭，一切都被打乱。诗集直至现在问世，仔细想想，这不怪疫情，而是我的拖延症所致。拖延到2021年出版，正值母校厦门大学一百周年华诞和我外祖父刘少臣先生的百年诞辰，把诗集献给他们，似乎这一切又都是最好的安排。

《黑塞上空的呼吸》的出版，给我动力与期待，期待着诗路的延伸，也期待着人生的远方……同时，让我也心存感激。在此，我要向他们表示我深深的谢意！

感谢挚友周晓伟，每次相互交流与探讨，鞭策与鼓励，都是我前进的基石与铺垫。

感谢画家黄俊清兄，总是午饭后一起谈论我的诗、他的画，让生活诗情画意起来。

感谢厦门市委宣传部理论处处长王彦龙、厦门市委党校教授王刚，难以忘怀一起举杯论诗、诵诗，沁润诗的意气风发。

感谢新加坡南洋理工大学的游俊豪教授，拨冗为我写序。感谢厦门文学院高级记者、编审蔡清辉老师，对我的鼓励与帮助。

感谢厦门大学人文学院的李无未教授，作家出版社的王炘老师！

感谢家人、亲戚、朋友，让我的生活诗意起来。感谢在我生活、工作中出现的每一个人！

特别感谢深圳鑫东泰塑胶有限公司总经理马卫东，厦门纵润进出口有限公司、香港铭威有限公司总经理王连君，对本诗集出版给予支持！

　　尤其感谢编辑翟婧婧老师。一本诗集完美呈现，成就了内容与形式。作者只是内容的提供者，而形式是编辑老师的倾心付出！

　　感谢作家出版社付出的辛勤工作！

2021 年 11 月 11 日

于厦门五缘湾

图书在版编目（CIP）数据

黑塞上空的呼吸 / 马舜著 . -- 北京：作家出版社，2021.11

ISBN 978 - 7 - 5212 - 1612 - 7

Ⅰ. ①黑…　Ⅱ. ①马…　Ⅲ. ①诗集 – 中国 – 当代　Ⅳ. ①I227

中国版本图书馆 CIP 数据核字（2021）第 232879 号

黑塞上空的呼吸

作　　　者：马　舜
责任编辑：翟婧婧
装帧设计：周思陶
出版发行：作家出版社有限公司
社　　　址：北京农展馆南里 10 号　　　邮　　编：100125
电话传真：86 - 10 - 65067186（发行中心及邮购部）
　　　　　　86 - 10 - 65004079（总编室）
E - mail: zuojia@zuojia. net. cn
http: // www. zuojiachubanshe. com

字　　数：80 千
印　　张：6
版　　次：2021 年 11 月第 1 版
印　　次：2021 年 11 月第 1 次印刷
ISBN 978 - 7 - 5212 - 1612 - 7
定　　价：33.00 元

作家版图书，版权所有，侵权必究。

作家版图书，印装错误可随时退换。

www.ingramcontent.com/pod-product-compliance
Lightning Source LLC
LaVergne TN
LVHW051100180726
843512LV00020B/1545